LES ENSEIGNES

LEUR ORIGINE ET LEUR ROLE

EN PRÉPARATION :

RECHERCHES HISTORIQUES
sur les Rues, les Maisons et les Enseignes
de Poitiers

BIBLIOTHÈQUE DU " MERCURE POITEVIN "

LES ENSEIGNES
LEUR ORIGINE ET LEUR ROLE

PAR

ÉMILE GINOT

*Bibliothécaire-Archiviste de la ville de Poitiers
As. Cor^t de la Société nationale des Antiquaires de France
Membre de la Société des Antiquaires de l'Ouest*

NIORT
BUREAUX DU « MERCURE POITEVIN »
23, RUE DES FOSSÉS, 23

1901

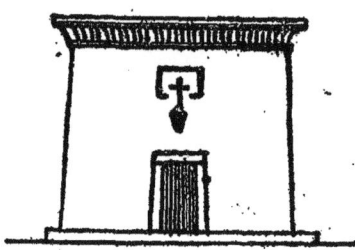

LES ENSEIGNES

LEUR ORIGINE ET LEUR ROLE

Le premier, en 1852, un historien rouennais, M. E. de la Quérière, déjà connu par sa *Description historique des maisons de Rouen*, attirait l'attention des archéologues et des curieux sur les *enseignes des maisons particulières*. Tout en s'attachant spécialement à celles que des travaux antérieurs lui avaient fait découvrir dans sa propre ville, il ne négligea pas de signaler celles que le hasard de ses recherches ou de courtes mentions relevées dans des ouvrages plus généraux avaient pu lui faire rencontrer ailleurs.

Le sujet était alors dans toute sa nouveauté et l'auteur, en l'esquissant, avec bonheur du reste, n'eut pas la prétention de l'épuiser.

Depuis lors, un peu partout, dans toutes les villes, les exigences de la vie moderne, le goût d'un luxe plus grand, les nécessités d'une circulation plus active ont fait jeter à bas nombre de vieux logis pleins de cachet, parfois même de réels petits chefs d'œuvre d'architecture privée ; et bien souvent, des municipalités nouvelles, étrangères au « *terroir* » qu'elles administrent ou n'en connaissant point le passé, ont arraché avec les plaques indicatrices de nos rues les dernières traces visibles de ces choses disparues.

Un peu partout aussi, témoins attristés ou résignés de ces mutilations et de ces transformations, rivalisant d'ardeur avec les démolisseurs ou les novateurs, des curieux se sont trouvés pour rechercher dans les annales de leur ville, dans les archives des dépôts publics ou privés, les souvenirs cachés de toutes ces dénominations anciennes, de ces vieilles enseignes que le recul du temps et leur incessante disparition rendent si pittoresques à nos sens blasés par la moderne uniformité.

Les uns, s'en tenant à leur propre ville, ont essayé d'en reconstituer, au moins partiellement, la topographie historique et la couleur *moyenâgeuse* ; d'autres, plus hardis, ont tenté de découvrir dans l'antiquité les origines les plus lointaines de l'enseigne si répandue chez nous du XIIIe au XVIIIe siècle ; mais nul encore n'a rapproché ses propres constatations de celles faites avant lui dans d'autres villes, pour faire jaillir sur la nature même de l'enseigne, sur son apparition, sur son rôle, sur son développement, quelque lumière de ce rapprochement (1).

Sans doute, dans bien des villes, l'enseigne attend encore son historien ; mais si tout n'est pas dit sur la matière, il y a déjà, dans les travaux nombreux et souvent pleins d'érudition publiés jusqu'à ce jour, des constatations communes ou plutôt identiques, qui méritent d'être signalées ou qui semblent appeler des conclusions.

I

Nous définirons d'abord l'enseigne, d'après son sens étymologique, *signum*, un signe quelconque destiné à distinguer un objet entre plusieurs autres de même nature, ou, pour parler avec Ménage « une marque particulière qui, aidant à discerner quelque personne ou quelque chose, la fait connaître » (2). Dans ce sens très général l'enseigne s'applique à tout et, de tout temps, fut connue et employée partout. Son premier inventeur fut celui qui, dans les âges préhistoriques, fit avec son couteau de silex une coche au manche de sa hache pour la distinguer de celles des habitants de la même hutte ou de la même caverne. Mais nous prendrons l'enseigne dans une acception beaucoup plus restreinte, pour ne considérer que les signes particuliers placés sur les habitations afin de les distinguer entre elles.

(1) Au moment de la publication de ces lignes, on nous annonce la publication prochaine d'un ouvrage de M. Grand-Carteret : L'Enseigne, son histoire, sa philosophie. Le libellé du titre et la réputation de l'auteur nous font espérer sur ce sujet des révélations pleines d'intérêt.

(2) Dictionnaire étymologique de la langue françoise.

Sur l'ancienneté de l'enseigne appliquée aux maisons, sur son emploi dans l'antiquité grecque et romaine, MM. La Quérière, Berty, Dezobry et surtout MM. Fr. Michel et Ed. Fournier ont écrit des pages fort curieuses et si l'on peut y ajouter de nombreux détails, ce qui ne rentre pas dans notre cadre actuel, il n'y aurait qu'à prendre acte des résultats de leurs recherches, s'ils n'avaient un peu trop laissé dans l'ombre les peuples anciens de l'Orient.

L'Egypte n'ignora pas l'usage de l'Enseigne. M. Gailhabaud (1), et après lui MM. Perrot et Chipiez, nous ont montré « le nom du propriétaire peint sur le linteau de la porte. D'autres fois on y lisait une sentence hospitalière comme celle-ci : « *La bonne demeure* » (2). Que l'on jette les yeux sur les hiéroglyphes composant cette inscription : un cœur surmonté d'une croix, et facilement, oubliant les milliers de siècles qui nous séparent du moment où ils furent gravés ou sculptés, on se croira à la porte d'un des nombreux couvents catholiques consacrés de nos jours au Sacré-Cœur.

Chez les Hébreux, la Bible nous apprend que le palais de Salomon, où les colonnes et les poutres de cèdre et de bois précieux avaient été prodiguées, reçut, de ce fait, le nom de *Maison de la Forêt du Liban* ou *Maison du Liban* (domus saltus Libani (3), et M. Maspero attribue à Hirom, roi de Tyr, qui avait fourni à David et à Salomon ce bois précieux, un palais lambrissé de tant de cèdre

---

(1) *Monuments anciens et modernes*... publiés sous la dir. de M. GAILHABAUD. Paris, 1870. Tome I, Maisons Egyptiennes. Notice par M. E. Prisse d'Avennes.

(2) PERROT et CHIPIEZ : *Histoire de l'art dans l'antiquité*, tome I, p. 186.

(3) Reg. VII, 9. et D. CALMET : *Sainte Bible* avec des notes et des dissertations, tome III, p. 568 et suiv.

« qu'on appela l'un des corps de logis *l'Hôtel de la Forêt du Liban* » (1). Pour des raisons analogues, le palais d'Achab, roi d'Israël, avait, de même, été surnommé la *Maison d'Ivoire*, « à cause de la quantité d'ouvrages en cette matière, qu'on y avait faits. »

Quant aux hôtelleries elles étaient assurément fort rares, et, en plusieurs endroits même, il n'y en avait pas. Dans ce cas, l'usage voulait que les habitants d'une ville ou d'une bourgade offrissent l'hospitalité à tout voyageur qui pouvait invoquer un lien de parenté, d'amitié ou seulement d'origine. Lorsqu'aucune porte amie ne s'ouvrait devant lui, il dressait son campement sur la place publique. Ainsi feignirent d'agir les anges envoyés à Sodome ; ainsi faisait le Lévite d'Ephraïm, avant qu'un vieillard, son compatriote, rentrant des champs, l'emmenât de la place et lui donnât, dans sa maison, une hospitalité qui devait coûter l'honneur et la vie à la femme du Lévite et causer, peu après, la destruction de Gabaa (2).

Si rares que fussent les hôtelleries de la Judée, il en existait cependant dans quelques localités. « Les frères de Joseph, à leur retour d'Egypte, entrèrent dans une hôtellerie pour y passer la nuit ; les espions envoyés à Jéricho se retirèrent chez Rahab ; Samson alla à Gaza dans une maison où l'on recevait les étrangers » (3). Plus ces établissements étaient rares, plus il importait qu'un signe extérieur, une enseigne (signum), attirât sur eux le regard du voyageur.

---

(1) MASPERO : *Hist. anc. des peuples de l'Orient, classique.*
(2) D. CALMET, loc. cit.
(3) Id.

En Chaldée, les habitations privées construites avec des briques simplement cuites au soleil, « fondaient un peu à chaque orage, les rues s'emplissaient d'un précipité de terre délayée, le plan des édifices et celui des quartiers s'empâtait et s'effaçait comme noyé dans la boue » au point que « la recherche la plus patiente et l'imagination la mieux informée ne réussissent qu'imparfaitement à en reconstituer la figure » (1). Dans ces conditions il serait inutile évidemment d'y rechercher les traces des inscriptions ou des symboles qui pouvaient distinguer l'extérieur des habitations.

Il en fut de même en Perse, et les fouilles entreprises à Suse, ces dernières années, sous la direction de M. de Morgan, ont mis à découvert un grand nombre de murailles dans lesquelles les briques crues étaient mélangées avec des briques cuites de mêmes dimensions. Parmi ces dernières « il en est qui portent en relief sur leur tranche des ornements ou des parties de personnages souvent couverts de textes. Ce fait prouve que non seulement les inscriptions étaient apparentes dans la construction, mais aussi que les Élamites décoraient leurs monuments de véritables bas-reliefs de grande taille, composés de briques moulées de telle sorte que chacune d'elles fût un élément du tableau » (2).

Serait-il téméraire de penser que tous ces tableaux et ces inscriptions n'étaient pas exclusivement réservés à la décoration intérieure des maisons et

(1) MASPERO, *Hist. de l'Orient, classique*, tome I, p. 625.
(2) *Mémoires* publiés sous la direction de M. J. Morgan, tome I. *Recherches archéologiques*, 1re série. Fouilles à Suse, 1897-1899. Paris, 1900, p. 108.

que quelques-uns d'entre eux placés au dehors servaient à les distinguer ?

Si la Grèce ancienne ne nous a non plus conservé le souvenir précis d'enseignes déterminées, nous savons du moins que dès le v⁰ siècle avant notre ère, elle possédait des hôtelleries pour piétons et d'autres plus vastes, munies « d'étables pour les bêtes de somme, d'écuries pour les chevaux et de salles pour manger » (1). A tous ces établissements un symbole quelconque était nécessaire, à tout le moins une inscription, et l'inscription sur la maison est une des formes de l'enseigne.

A Rome, nous avons mieux que des suppositions, si logiques qu'elles paraissent ; les textes, les monuments eux-mêmes, nous font connaître, et en grand nombre, des enseignes précises, des noms d'habitations, comme la maison du Poirier, *ad Pyrum,* où logeait le poète Martial, la boutique de la Palme, *ad Palmam,* dite aussi *domus palmata.* Parfois, ainsi qu'il arriva plus tard dans nos villes du moyen-âge, quelqu'une de ces enseignes transmettait son nom à la rue où elle était située. Ainsi en fut-il du *Vicus Ursi Pilcati,* rue de l'ours coiffé, où se trouve encore aujourd'hui l'Osteria del Orso (2).

La manière dont les commerçants romains désignaient leur adresse, manière en tous points semblable à celle qu'adopteront nos artisans du moyen-âge, nous fournit à ce sujet de précieux

---

(1) *Hist. des hôtelleries* par Fr. Michel et Ed. Fournier, Paris, 1859. Tome I, p. 31.

(2) Ed. Fournier. *Hist. des Enseignes de Paris,* p. 5 à 7. Voir au sujet de *l'Ursus togatus,* cité par M. Fournier, l'interprétation toute différente de M. Becq de Fouquières, dans les Jeux des anciens. Paris, 1869, p. 210.

renseignements. Nous les emprunterons à l'ouvrage, devenu classique dès son apparition, de M. Mommsen.

« A Rome et dans les autres villes, il est d'usage que les artisans et commerçants fassent suivre leur firme de leur adresse, indiquée par le nom de la rue même (aurifex de via Sacra..., Lanarius de vico Cœsaris...) ou d'un monument connu (Ciconiæ nixæ..., Caput Gorgonis...) Mais certaines maisons et surtout les tavernes ont un *insigne* à elles propre : A Rome, une auberge située sur le Forum exhibe une *imago Galli in scuto Cimbrico picta* et l'on a trouvé à Pompéi une hôtellerie *à l'Eléphant*. D'après ces précédents, il doit être permis de reconnaître une auberge *Au Coq* dans l'inscription de Narbonne *L. Afranius Cerealis l. Eros, ospitalis a Gallo Gallinacio* et d'inférer d'une enseigne d'hôtellerie lyonnaise la firme *Ad Mercurium* et *Apollinem*. Lors donc qu'on lit dans les itinéraires des noms de stations tels que *ad Mercurios, ad Aquilam minorem, ad Aquilam majorem, ad Dianam, ad Gallum gallinaceum, ad Dracones, ad Olivam, ad Ficum, ad Rotam* (toutes en Afrique), *ad Herculem* (Sardaigne), *ad Malum* (Italie supérieure), *ad Pirum* (près Ancône), *ad Morum* (Espagne) on est amené à penser que ces stations doivent leur désignation aux enseignes de leurs auberges » (1).

II

Toutes ces appellations de maisons ou d'hôtelleries, accompagnées ou non d'images peintes ou

(1) Mommsen et Marquardt. *Manuel des antiquités romaines*, tome XV, p. 103.

sculptées et empruntées aux sources les plus variées de la religion, de la nature, de l'industrie humaine et de la fantaisie, nous les retrouverons plus tard dans les cités de la vieille France, si nombreuses que le temps, ce rongeur de toute chose, ne les a pas fait entièrement disparaître et que le nom de plusieurs d'entre elles désigne encore aujourd'hui la rue qu'elles occupaient autrefois.

Aussi a-t-il semblé tout naturel à MM. Berty, Fournier et autres à leur suite, de supposer qu'apportée aux provinces par la conquête romaine, l'enseigne s'était, par la seule vertu de son ancienneté, tranquillement perpétuée jusqu'à nous.

Si simple que puisse paraître cette supposition, nous ne saurions franchir si facilement le temps qui sépare la dernière enseigne connue du monde romain ou romanisé de la première mentionnée dans les textes féodaux. L'abîme est profond de dix siècles, et, à peine soupçonné jusqu'ici ou demeuré inexpliqué, il s'impose invinciblement à notre attention.

Durant cet immense intervalle, les villes spacieuses et florissantes de la Gaule, soudainement envahies par les flots des barbares, verront s'écrouler les nombreux monuments élevés sous l'administration romaine, et leurs débris entassés à la hâte autour du point culminant de la cité rétrécie, lui formeront une ceinture de remparts contre l'ennemi (1). Ainsi en sera-t-il notamment à Autun (2), Auxerre, Bayonne, Beauvais, Béziers, Bourges, Dijon, Le Mans, Meaux, Nantes, Nevers, Nîmes,

(1) M. J. FLACH. *Les origines de l'ancienne France*, tome II, chap. III, p. 240 et suiv.
(2) MM. de FONTENAY et de CHARMASSE : *Autun et ses monuments*, p. 24 et suiv.

Orléans, Périgueux, Rennes, Rouen, Strasbourg, Vannes, etc... etc... et dans l'Aquitaine, si remarquable au dire d'Ammien-Marcellin, par l'ampleur de ses villes, Bordeaux (1), Clermont, Saintes et Poitiers, les principales d'entre elles, retrouvent encore en fouillant les profondeurs de leur sol, ces amoncellements défensifs de débris.

L'œuvre des barbares achevée, les incendies multipliés du xie siècle détruisirent à leur tour les habitations que la crainte avait pressées les unes contre les autres. De la ville gallo-romaine il ne reste plus rien qu'une citadelle resserrée entre des quartiers populeux, et plus loin, tout autour, des bourgs séparés qui se transformeront bientôt en autant de fiefs.

Au milieu de toutes ces transformations violentes, dans des villes qui ne dépassent plus 2500 mètres de pourtour (2), sans industrie et sans commerce, où toutes les habitations s'enchevètrent, où tous les citoyens se coudoient, quoi de surprenant que l'enseigne, devenue d'ailleurs inutile, ait disparu ?

Et cette disparition est bien plus qu'une hypothèse puisqu'on peut l'induire d'un fait, négatif il est vrai, mais dûment constaté : l'absence de toute mention d'enseignes avant le milieu du xiiie siècle ; j'ajouterai : l'extrême rareté de ces mentions avant le xive.

Ni les recherches considérables de M. Berty sur la *Topographie historique du vieux Paris*, ni celles de M. Fournier sur les enseignes de la capitale, ni celles entreprises depuis plus de quarante ans dans

---

(1) AMMIEN-MARCELLIN. Traduct. de M. JULLIAN, ap. *Inscriptions romaines de Bordeaux*, préface.

(2) M. C. JULLIAN. Ausone et son temps, ap. *Revue historique*, année 1892, p. 5.

les différentes villes par les archéologues de la province, n'ont, à notre connaissance, amené la découverte d'une mention d'enseigne antérieure au XIIIᵉ siècle.

Cependant, seule entre toutes, et bien que ne justifiant point d'un état civil antérieur au XVIᵉ siècle, une enseigne genevoise paraît vouloir revendiquer une origine romaine : c'est la « *Semaisso à deux hommes* » citée par M. Blavignac. D'après cet archéologue, la « Semaisse » ou amphore portée à l'aide de deux bâtons passés dans les anses, étant signalée à Genève deux siècles environ avant la découverte à Pompéi d'une enseigne de cabaret antique représentant la même scène, on ne saurait y voir que « la tradition non interrompue d'une enseigne d'auberge romaine »; pour un peu plus même, la chose n'étant point « impossible », il nous y montrerait César lui-même attablé entre deux victoires (1).

Mais il importe de remarquer : 1º que le premier document relatant de cette enseigne n'est pas antérieur à l'année 1555; 2º que le « grand flacon d'argent que portent deux hommes sauvages », sorte de réduction de la semaisse à deux porteurs et cité dans l'inventaire des ducs de Bourgogne (2), était un motif fort en honneur auprès des orfèvres du moyen-âge, sans qu'on puisse savoir où ils en avaient puisé l'idée première; on sait en outre que l'usage de peindre les maisons à fresques, fort répandu dans plusieurs villes Suisses et Allemandes dès le XVᵉ siècle, florissait encore au XVIᵉ (3).

(1) *Histoire des Enseignes d'hôtelleries, d'auberges et de cabarets* par BLAVIGNAC, Genève, 1878, p. 421 et suiv.
(2) DE LABORDE. *Inventaire des ducs de Bourgogne.*
(3) *Gazette des Beaux-Arts*, année 1897, 2ᵉ semestre, p. 444, 445, 452.

Par suite, la peinture, si peinture il y a, non romaine évidemment de cette maison, avait pu s'inspirer simplement d'un motif connu et familier ou n'être que la commémoration de la découverte d'une de ces amphores qu'on retrouve encore aujourd'hui dans mainte localité jadis occupée par les Romains; il se pourrait encore que le vase retrouvé ait été lui-même suspendu comme enseigne.

On trouverait aisément des exemples à l'appui de l'une ou l'autre de ces hypothèses. Ainsi le petit « Cheval blanc » dessiné à Lyon par M. Steyert, n'est, paraît-il, qu'un bas relief antique transformé en enseigne à une époque indéterminée (1) et nos Trois Pilliers de Poitiers, enseigne encore existante de la plus ancienne hôtellerie de la ville, consacre, on le sait, le souvenir d'un monument dont les ruines, déjà réduites à trois colonnes, étaient en 1256, appelées les Pilliers de Gauthier. Une auberge du bourg d'Avrillé (Vendée) avait emprunté un nom semblable à la présence de trois menhirs dans son jardin (2).

Quoiqu'il en soit, la tradition romaine de la « Semaisse genevoise » fût-elle certaine et ininterrompue, cette enseigne eût-elle transmis son nom pendant quinze siècles à une habitation, comme d'autres, au dire de M. Mommsen, l'ont transmis à des localités, nous persistons à penser que ce fait unique ne saurait prévaloir contre le mutisme de tous les textes et que l'enseigne, en tant qu'usage avait, depuis bien des siècles, cessé d'être en vigueur.

(1) *Magasin pittoresque*, année 1855, p. 264.
(2) Dufour, *l'ancien Poitou et sa capitale*, p. 211, n.

— 17 —

Si comme on vient de le voir, tous les titres consultés jusqu'ici ne mentionnent aucune enseigne avant le xiii⁰ siècle, on ne saurait en accuser ni la rareté des documents, ni, comme M. Berty semble tenté de le faire, la négligence des copistes.

La rareté des documents aussi anciens n'est pas telle, en effet, que nous n'ayons conservé, un peu partout, des registres censiers antérieurs au xiii⁰ siècle ou les reproduisant, dressés par les seigneurs, les chapitres et les abbayes. Dans ces registres, un intérêt de premier ordre, du moins un intérêt pécuniaire évident, s'attachait à la désignation, aussi précise et aussi complète que possible, des immeubles frappés de cens ; et si l'on songe que, pour la plupart des établissements qui en bénéficiaient, les maisons sujettes à des rentes se trouvaient le plus souvent groupées dans un même quartier, dans une même rue et très proches les unes des autres, on sera amené à conclure qu'aucun moyen de préciser ne dut être négligé ; par suite, que l'enseigne, toujours passée sous silence, n'est réellement pas en usage.

Grâce à l'étude méthodique des sceaux du moyen-âge, des savants en renom ont distingué *l'épisème* ou symbole de fantaisie qui décora de tout temps les boucliers des armoiries féodales « signes héréditaires, distinctifs et représentatifs de la seigneurie » (1). L'épisème, adopté suivant le caprice de chaque intéressé, serait devenu, d'après M. de Barthelemy, l'origine de l'enseigne ; tandis que le blason féodal, non emprunté aux orientaux qui n'en ont jamais eu, ni même aux croisades et aux

(1) M. G. DEMAY : *Le blason d'après les sceaux du moyen-âge.* ap. *Mém. des Antiq. de France*, tome XXXVII (1876), p. 40 et suiv.

tournois, aurait fait son apparition dans les dernières années du XIIe siècle, brusquement, sans autre origine que la nécessité d'authentiquer des pièces importantes à l'aide de sceaux non semblables à ceux des autres seigneuries (1). Nous retiendrons, pour notre part, la naissance spontanée des armoiries féodales sur laquelle l'étude des sceaux ne laisse subsister aucun doute, et nous verrons dans l'apparition de l'enseigne, un demi siècle plus tard, un phénomène analogue. Mais nous sommes portés à croire que l'une et l'autre, armoirie et enseigne, sont nées d'une nécessité de même ordre : « la nécessité d'adopter des signes de reconnaissance, d'abord pour les nations elles-mêmes, puis pour les chefs des différents corps » dont se composaient les grandes réunions d'hommes armés pour les croisades et méconnaissables sous le masque qui protégeait leur visage (2) ; et, d'autre part, la nécessité la plus ancienne de toutes, semble-t-il, qu'il s'agisse d'un objet ou d'une habitation, de distinguer le tien du mien.

Nous admettrons certes, avec M. Fournier, « l'analogie singulière et incontestable qui existe entre les figures de l'écu armorial et celles des plus anciennes enseignes (3) » ; nous reconnaîtrons volontiers qu'apparu, peu de temps avant celles-ci, le blason put exercer sur ses sœurs cadettes, au point de vue de l'inspiration et du choix de

(1) M. A. de BARTHELEMY : *Essai sur l'origine des armoiries féodales*, ap. *Mém. Soc. Antiq. de l'Ouest*, tome XXXV (1870-71), p. 38, 39, 49.

(2) M. O. N. ALLOU : *Etudes sur les armes et les armures du moyen-âge*, ap. *Mém. des Antiq. de France*, tome XIII, p. 308.

(3) *Hist. des Enseignes de Paris*, p. 256 et s.

certains sujets, une réelle influence; nous accorderons enfin qu'un même mot latin *insignium* servait à désigner au moyen-âge aussi bien l'écusson du gentilhomme que l'enseigne du petit marchand. Mais de ces constatations indiscutables et pleines d'intérêt, les deux premières excluent évidemment l'idée de toute transmission de l'enseigne antique de Rome à la France du xiii° siècle, — et la dernière, en établissant la fraternité du blason et de l'enseigne, ne fait, à notre avis, que confirmer l'origine commune et naturelle que nous leur avons attribuée : la nécessité de distinguer une chose entre plusieurs autres de même nature.

Les marques de tâcherons du moyen-âge, procèdent également de ce même besoin. Les ouvriers de nos églises romanes ou gothiques les employèrent sans se douter, à coup sûr, qu'ils imitaient en cela, et à combien de siècles de distance, les maçons de Parsagade et de Persépolis (1) ou ceux de Bysance et de Salonique (2); et leur signe conventionnel, gravé sur la pierre pour la distinguer de celles taillées et façonnées par une autre main, devait naturellement, fatalement, sans même qu'il y ait filiation proprement dite, passer quelque jour de la partie au tout et s'étaler en évidence sur la maison elle-même pour la distinguer des constructions voisines.

III

De même que l'étude des sceaux a permis à MM. de Barthelemy et Demay de dater l'apparition du blason féodal, de même l'examen des textes

---

(1) M. F. LENORMANT: *Hist. anc. de l'Orient*, tome VI, p. 80.
(2) *Rev. archéol.*, 1876, p. 245, 359.

anciens nous permet de placer au xiiie siècle l'apparition des enseignes de maisons.

Mais à défaut d'enseignes, les documents antérieurs à cette date renferment néanmoins des renseignements précieux, trop négligés nous semble-t-il, et qui nous fixent non seulement sur la date de naissance de l'enseigne dans les villes du moyen-âge, mais encore sur les modes de désignation qui la précédèrent, sur le rang qu'elle prit au milieu d'eux après son apparition, par suite, sur l'importance réelle de son rôle.

Nous ne saurions évidemment donner ici un relevé, aussi inutile d'ailleurs que fastidieux, de toutes les mentions relatives aux maisons contenues dans les registres censiers qui nous sont passés sous les yeux ; mais il ne paraîtra peut-être pas superflu d'en citer quelques exemples et d'appeler l'attention sur les formules qui se retrouvent pour ainsi dire à chaque page de ce genre de documents, aussi bien que dans les actes de ventes, de donations, de constitutions ou de cessions de rentes.

Vers 976, Ebles, ancien évêque de Limoges et trésorier de Saint-Hilaire-le-Grand de Poitiers, donnant au chapitre de la dite église des maisons qu'il a fait construire, les désigne ainsi : « *domos a me justo labore meo constructas, quæ sunt silicet in castro ejusdem sancti edificate.* » La situation de l'immeuble, l'indication des voies publiques qui les bordent, au besoin le nom d'un propriétaire voisin, suffirent en 997 à Guillaume le Grand, duc d'Aquitaine, pour préciser les maisons qu'il concédait à Ansbert et à Aïdiarde, sa femme, et pour indiquer, en 1018, celles données par Adeleme à Ramnulfe, en 1083, celles transmises par Alberic à Audeburge son épouse (1).

Un siècle plus tard, en 1185, la déclaration des domaines dépendant de Saint Grégoire, faite au chapitre de Saint-Hilaire, débutera ainsi : « Sunt autem nomina censualium in vico Beati Hilarii sex denarii Pictavensis, scilicet super *domum Virai*, et super *domum Martini Cerizier et Joannis Morea*, et super *domum uxoris Galteri Mingerant et Eodini* ; alii denarii sex sunt *in Arenis* super *domum Aiguini* et super domum *Vocharti* et super *domum Ermengart de Alodiis*, et super *domum Petri Carpentarii*... (2). Est-il nécessaire de préciser par des indications complémentaires ? Nous trouverons alors des mentions comme celles-ci : « *in domo Reginaldi Biars et Gervasii fratrum quæ domus sita est prope bancos* (1239) ; « super quibusdam domibus que fuerunt à *la Cherbonnière, quæ sitæ sunt in Burgo Beati Hilarii, in magna rua ante domum quæ fuit Jordani quondam canonici Beati Hilarii* » (3) ; ou « *de domo Johannis Galant que est ad pontem Jobert... de domo que at juxta sinagogam judeorum... de domo Petri Savarici ante furnum de Cella... de domo Savarici Vender que est in via ubi sunt judei... de domo regratum... in via palee, de domo pegne,... in via fabrorum in domo que fuit Sorunnet ante portam Sancti Stephani,... de domo de Vico Marini,... in domo Petri Charulli que est ante portam sancti Eparchi... in domo que*

---

(1) *Documents pour servir à l'histoire de S. Hilaire*, publiés par Rédet, ap. *Mém. Antiq. Ouest*, tome XIV (1847) p. 50, 72, 84, 105.
(2) *Arch. dép. de la Vienne*, rég. 138.
(3) Id.

fuit magistri Roce que est ad portam novam, in qua est rocha.... » (1)

En 1279, un retrait féodal fait par le chapitre de Notre-Dame-la-Grande de Poitiers, d'une rente de 20 sols désignera la maison grévée de ces 20 sols dans les termes suivants : « *super domo Aymerici dicti Laguiller sita in Aguylleria Pictavensi, inter domum Guillelmi dicti Cailler ex parte una et domum Thomæ de Chaillac ex altera* » (2).

En ce qui concerne ce dernier texte, il convient de remarquer qu'il s'applique à des maisons bâties dans le quartier le plus populeux de la cité, dans la Guillerie, située entre le Marché-Vieux et le palais des comtes du Poitou, dans la rue même où devait s'élever bientôt la maison commune et se tenir les écoles, et que, néanmoins, aucune des maisons citées ne portait encore d'enseigne en 1279.

Ce n'est en effet que quelques années plus tard, dans une sentence du 5 septembre 1291, que nous verrons apparaître la première enseigne signalée à Poitiers : *la Côte de Baleine* (3). Encore s'agit-il d'une maison ainsi appelée et non d'une enseigne proprement dite, peinte ou sculptée. Elle était située au Marché-Vieux.

Il serait aisé de multiplier à l'infini ces exemples en les empruntant aux sources les plus diverses ; qu'il nous suffise de constater à notre tour, comme tant d'autres l'ont fait ailleurs, l'absence complète d'enseignes antérieures au xiiie siècle ; mais aussi l'emploi des modes de désignation suivants qui en tiennent lieu :

(1) *Livre de Saint-Pierre le Puellier*, xiie siècle, ms. n° 425 de la Biblioth. de Poitiers, f°s 50 et suiv.
(2) Mss. de D. FONTENEAU, tome XX, p. 551.
(3) *Arch. municip. Invent. Redet*, n° 1916.

Le nom du propriétaire ou de l'habitant d'une façon constante et générale ;

Le nom propre à l'habitation ou au sol lui-même ;

La mention du vicus ou quartier dans lequel se trouve l'habitation, et, mais rarement encore au xiii° siècle, le nom de la rue ; cette dernière mention se retrouvera de plus en plus fréquente à mesure que les textes seront moins anciens ;

L'indication du monument le plus proche : église, synagogue, puits, four banal, bancs de vendeurs, croix de carrefour,... etc...

1° Et d'abord, le nom de l'habitant. C'est qu'en effet, « la manière la plus commode de désigner une maison est de lui donner le nom de son propriétaire » (1) ; et, bien souvent ce nom, romain ou franc, donné il y a des siècles à la villa, à la terre qui en dépendait, se retrouve encore, parfaitement reconnaissable, dans le nom actuel d'un grand nombre de lieux habités (2).

Le nom du propriétaire ou de l'habitant ? nous l'avons lu sur le linteau des portes de la vieille Egypte et sur des cabarets de Pompéi ; nous le trouvons à chaque ligne dans les censiers du moyen-âge ou dans des titres plus récents ; inscrit en lettres fraîchement peintes ou dorées, il attire nos regards sur la plupart des devantures des magasins modernes et les simples particuliers le font graver sur la plaque de sonnette placée près de leur porte ; entre citoyens d'une même ville, nous l'employons journellement comme moyen de désignation dans la conversation courante, en dépit

(1) D'ARBOIS DE JUBAINVILLE : *Recherches sur l'origine de la propriété foncière et des noms de lieux habités.* Paris, 1890.

(2) QUICHERAT : *De la formation française des anciens noms de lieux.*

de nos numéros administratifs, et il existe, paraît-il, de par le monde, en ce temps de progrès à outrance, des villes, et non des moindres, où l'on ne connaît pas encore d'autre mode de désignation. Un voyageur ne se plaignait-il pas, il y a quatre ans à peine, qu'à Moscou, « l'habitude de ne désigner les maisons *que par le nom du propriétaire* » causât mille embarras aux étrangers (1)?

A quelques lieues de nous, une ville de moindre importance, le Dorat, ne possède ni numéros ni plaques indicatrices des noms de rues et c'est par le nom du propriétaire et par les autres modes usités au moyen-âge qu'on y désigne encore les habitations.

2° Quant au nom du sol lui-même, qu'il soit emprunté à un propriétaire plus ancien et depuis longtemps oublié ou à quelque particularité du terrain, il est souvent difficile à reconnaître ou à interpréter avec certitude. Si le logis du *Petit-Marais* s'explique aisément par la proximité des étangs aujourd'hui desséchés de Saint-Hilaire, le nom du « clos ou territoire des Charbonnières » n'est pas sans prêter à quelque ambiguïté et le *domus Pegne*, (synonyme de rupes et de collis) se devine moins aisément.

3° On peut en dire autant du *vicus* ou quartier qui puise son nom à des sources toutes semblables. Les textes cités plus haut permettent assurément de reconnaître dans la Guillerie (*Aguilleria*) le quartier habité au XIIIᵉ siècle par la famille municipale des Laguiller; le clos Guérin, les Arènes portent en eux-mêmes leur explication; mais le bourg Marin et plus encore le bourg Nervé ne

(1) *Journal d'un Français à Moscou par le Vᵗᵉ de Turenne*, ap. Revue de Paris, 1896, p. 797.

donnent lieu qu'à des suppositions. Qu'était-ce encore que la *Jayfia*, dans laquelle Guillaume Gabillau vendait une maison le 25 mars 1259, et que nous retrouvons plus tard dans le nom de rue de Geffe ?

Remarquons en passant que le *vicus* comprend à l'origine un très petit nombre d'habitations entourées chacune de vastes clos et de jardins cultivés, et séparées entre elles par des ruelles, aboutissant à une voie plus importante qui les dessert. Celle-ci, « vieux sentier rural de l'époque romaine (1) » remontant même, parfois, aux temps préhistoriques (2), emprunta souvent au vicus son propre nom et nous le conservera longtemps après qu'envahi par les habitations nouvelles, le vicus, réuni à ses voisins, se sera fondu dans l'ensemble de la cité.

Pour les ruelles élargies dans la suite et les rues percées dans ces vastes terrains vagues, aucune ne recevait son nom du hasard. « Elles empruntaient toutes à elles-mêmes leurs appellations. On les désignait suivant leur aspect, leur situation, leur édifice le plus connu, le métier qui s'y exerçait ; mais le nom ne pouvait se rapporter qu'à elles : il était toujours topique et pris en quelque sorte sur le lieu même, et, par là, il était souvent fort pittoresque. Les citoyens d'une ville la regardaient volontiers comme leur grande maison commune et ils la traitaient ainsi que nous traitons nos demeures. Nous appelons nos chambres et nos salons suivant ceux qui y habitent, suivant leur forme et leur place » (3).

(1) JULLIAN : *Histoire de Bordeaux*, chap. XV.
(2) B. FILLON : *Nomenclature des rues de Fontenay*.
(3) C. JULLIAN : *Loc cit*.

4° Quant à l'indication du monument voisin, il précisait à coup sûr, d'une façon suffisante, les maisons contiguës ou situées en face ; mais pour celles qui en étaient plus éloignées, il se confondait le plus souvent, comme valeur indicatrice et même en fait, avec le nom même de la rue.

A tous ces modes un peu vagues de désignation, les seuls que nous puissions retrouver dans les textes jusque vers le milieu du XIII° siècle (1), vint, à cette époque, se joindre un mode nouveau, plus précis : l'Enseigne.

D'où vient-elle ? Quelle cause la fit renaître ? Quels furent son rôle exact, son influence au milieu des usages similaires plus anciens ? Quels, enfin, son développement et sa destinée ?

IV

Nous croyons avoir trouvé l'origine profonde et naturelle de l'Enseigne dans la nécessité de distinguer le tien du mien ; nous avons vu, dans les bouleversements des villes pendant les invasions barbares, disparaître cet antique usage ; nous devons indiquer brièvement ici quelles circonstances nouvelles la firent renaître de ses cendres comme le légendaire Phénix de l'antiquité.

L'ère des invasions close, le goût des aventures lointaines, croisades et pèlerinages, s'emparant des populations jusqu'alors occupées du soin de se défendre, le travail et la production redevenus possibles, le commerce et l'industrie renaissant et

---

(1) M. Alf. Franklin, dont on nous remet le très intéressant ouvrage à peine paru : *Arts et métiers, modes, mœurs, usages des Parisiens du* XII° *au* XVIII° *siècle*, commence également au XIII° siècle l'histoire de l'Enseigne.

exigeant plus impérieusement chaque jour protection et liberté, l'affranchissement communal qui fut la conséquence et le couronnement de ces transformations économiques et sociales, firent surgir sur tous les points de l'Europe féodale des villes nouvelles et rendirent aux anciennes cités une importance dont elles avaient, depuis bien des siècles, perdu le souvenir. Dès lors, dans celles-ci, la population déborde de nouveau hors de l'étroite enceinte hâtivement élevée jadis en face de l'envahisseur, et partout les murailles doivent être reportées, sinon jusqu'aux limites imprécises des anciennes cités gallo-romaines, du moins au-delà des quartiers nouveaux où se sont installés et groupés selon les besoins de leur métier, les artisans et les travailleurs.

A cette population plus nombreuse et plus dense des anciennes villes, à celle qui crée de toutes pièces des « villes neuves » sur des territoires concédés par des seigneurs ou des monastères plus libéraux ou plus politiques que leurs voisins, les anciens modes de désignation sont devenus insuffisants pour distinguer entre elles des habitations devenues chaque jour plus nombreuses.

Aux artisans du xiiie siècle, comme aux Egyptiens de l'antiquité, « Nécessité l'ingénieuse » suggéra l'idée de l'Enseigne. Celle-ci dormait oubliée sous les décombres des villes gallo-romaines comme sous les cendres épaisses de Pompéï. Le besoin qui l'avait fait employer dans l'antiquité la fit naître de nouveau ; son nouvel inventeur dut être celui qui, pour la prospérité de son industrie ou de son commerce, eut un intérêt plus puissant à faire remarquer et reconnaître sa maison entre toutes les habitations voisines ou le premier qui, verbalement ou par écrit, s'avisa de signaler les particularités quelconques d'une construction dans des appellations comme celles-ci : *Le logis de la Grande-Allée, les Echallons, l'Huis de fer, la Maison rouge.*

L'idée de numéroter les maisons surgira de même dans l'esprit, quelques siècles plus tard, quand les enseignes multipliées à l'infini, rivalisant entre elles de dimension ou d'éclat, « avançant à l'envie l'une de l'autre, quelquefois jusques au-delà du milieu des rues (1) », cherchant autant à cacher les voisines qu'à se faire voir elles-mêmes, seront devenues non plus une commodité mais une source de confusion pour l'esprit, d'obscurité pour les yeux et presque un danger pour les passants.

Quant à l'influence de l'Enseigne sur les modes antérieurs de désignation, nous avons vu qu'elle se surajoute seulement à eux sans les supplanter. Elle ne supprime ni l'emploi du nom du propriétaire, encore usité couramment aujourd'hui ; ni le nom de la maison même. Dans le seul quartier de la Regratterie de Poitiers, nous aurons encore, à la fin du xvie siècle, le « *logis vulgairement appelé la Trigalle* », déjà signalé sous ce nom dans une promesse de rente du 9 octobre 1245 (2), et la *maison appelée la Forge du Roi* (3) et celle *appelée l'Aiglerie* (4). Non moins fréquemment, nous retrouverons aussi l'indication du monument le plus voisin, celle du quartier, et presque toujours celle de la rue.

---

(1) *Ordonnance de 1669.*
(2) Doc. pour l'hist. de S. Hil. *Mém. Ant. O.* xiv, p. 255 ; et *Archiv. mun. rég.* 44 *bis*, f°s 71, 72, 120, etc...
(3) *Arch. mun.* Cart. 16, pièce 566.
(4) Id.

Pour circonscrire les recherches dans les voies trop longues, celles-ci seront divisées en autant de fragments qu'il y a de carrefours et chacun de ces tronçons empruntera un nom distinct à quelque propriétaire important, à quelque monument connu, et dorénavant, à quelque enseigne.

Mais, pour les rues comme pour les maisons, les anciennes appellations résisteront longtemps à l'invasion des enseignes, et partout, subsisteront victorieusement jusqu'à nos jours bon nombre des anciens noms de rues. A Poitiers, par exemple, la rue de Paille, la *via palea* du xiie siècle, la rue de la Regratterie, souvenir de la maison dite *domus Regrattum*, la rue de la Bretonnerie où l'abbaye de Sainte-Croix percevait en 1232 douze deniers de cens sur la *maison de la Bretonierie* (1), habitée par Mercier de la Bretonnière, en sont la preuve. D'autres, moins heureuses, perdront peu à peu, au cours des siècles, le souvenir de leur origine ou de leurs anciens habitants et prendront le nom de personnalités, de corporations ou de constructions nouvelles; d'autres enfin, et en grand nombre, n'auront plus, pour le peuple qui les fréquente et qui les baptise à son gré pour sa plus grande commodité, d'autre dénomination que celle de leur enseigne principale.

C'est de là que tiraient leur nom nos rues poitevines des Balances d'or, du Chariot de David, du Chat, du Chat rouge, du Chaudron d'or, de la Cloche perse, du Coq, de la Corne de bouc, de la Croix blanche, de l'Eléphant, de l'Eperon, de l'Etoile, de la Galère, du Grand Cerf, du Grand mouton, du Gros Juif, de la Lamproie, de la Latte

(1) *Rôle censier de l'abb. de Sainte-Croix du 7 mars 1232* ap. Mém. Soc. Ant. O. Doc. inéd. p. 113.

d'or devenue simplement la Latte, de la Maille d'or, du Moulin à Vent, du Mouton, du Noyer arraché, du Pélican, du Petit-Maure, de la Petite roue, du Pigeon blanc, de la Poire Cuite, des Quatre roues, des Quatre-Vents, Raison partout, de la Procession du Renard, de la Roche aux ânes, de la Roche d'argent, de la Souche, de la Tende ou de la Tente, de la Tête noire, des Trois Patureaux, des Trois Rois, de la Truie qui file, etc...

Plusieurs de ces noms, malgré des modifications récentes et nombreuses figurent encore sur la liste de nos rues.

On voit par ces exemples, (et quelle ville n'en pourrait fournir de semblables ?) que si l'Enseigne ne détrôna réellement aucun des modes antérieurs de désignation des maisons, elle prit du moins au milieu d'eux une place fort importante. Rares et simples au début, les enseignes deviendront peu-à-peu plus nombreuses et plus compliquées ; le gentilhomme fera sculpter son blason sur le portail de son hôtel (1) ; les bourgeois et les marchands donneront libre cours à leur fantaisie ; un magistrat intègre affirmera son incorruptibilité par la devise : Nec spe, nec metu, mediis tranquillus in undis ; un chanoine fera graver pieusement dans l'accolade de sa porte gothique, les premiers mots de la salutation évangélique autour du monogramme du Christ. Le calendrier, la légende, les règnes de la nature, les métiers, les souvenirs historiques ou littéraires, la fantaisie même seront autant de sources où chacun pourra puiser à son gré le nom, l'emblème

---

(1) Celui des Barbarins se voit encore sur la porte de la cour de l'hôtel faisant l'angle des rues de la Cathédrale et de Montgauthier avec la date 1677.

ou la devise qui devra désigner sa maison, jusqu'à ce que l'abus amenant la confusion, en dépit des ordonnances réitérées, fasse naître un mode plus pratique et plus précis de désignation : le numéro.

Déjà au xve siècle, sur un point de Paris une tentative de numérotation n'avait point trouvé d'imitateurs ; au xviiie, cette mesure devenait une impérieuse nécessité. Le 1er mars 1768, une ordonnance ayant pour but de faciliter et de régulariser les logements militaires, la rendait obligatoire par tout le royaume, et malgré l'inertie ou le mauvais vouloir de la province et de la capitale, toutes les villes durent s'y conformer.

C'est en 1778, sous la mairie de M. Pallu du Parc, que la ville de Poitiers divisée en quatre quartiers désignés par les lettres A, B, C, D, vit numéroter, par quartiers, toutes ses maisons. Un grand nombre de ces marques, sont encore lisibles sur les portes.

Grâce à l'adoption de ce mode nouveau, le rôle de l'Enseigne, peinte ou sculptée, était considérablement diminué ; elle ne devait plus subsister, du moins d'une façon générale, que pour les maisons de commerce, dans un but unique de réclame ; mais là encore elle devait être bientôt distancée, et combien ! par les annonces envahissantes des feuilles périodiques.

Que si l'on veut voir éclore et s'épanouir en quelques années et comme en raccourci, tous ces usages que les siècles avaient lentement formés et développés, il suffit de se transporter dans l'une quelconque de nos villes d'eaux de création récente, si nombreuses aujourd'hui. Là, en effet, comme à l'époque de la formation des anciennes cités, c'est au milieu de vastes terrains vagues ou cultivés que s'élèvent les premières villas, sans ordre, au hasard ou plutôt au caprice des premiers bâtisseurs. Là, pas de numérotation possible ; la voie publique, s'il y en a, n'est encore qu'une route ou même qu'un chemin séparant et desservant les héritages. Les premiers chalets gardent le nom ancien de la propriété ou prennent celui du propriétaire ou le prénom de quelqu'un de ses proches. Tout au plus, voit-on apparaître quelques dénominations très simples empruntées à la situation des lieux, à la nature du sol, aux végétaux qu'il produit, aux monuments les plus voisins : Les Brisants ou les Sables, les Ormeaux, Tamaris, les Glaïeuls, le Phare, Cordouan... etc... — Vienne la vogue, cette fée moderne, et les constructions sortent capricieusement de terre, non alignées, non contiguës, alternant la pierre, la brique et le bois, des tableaux émaillés s'incrustent dans les façades ; des cabochons coloriés en varient l'aspect ; des statuettes de saints patrons s'accrochent aux angles, dans des niches ; des étoiles, des ancres, des signes variés apparaissent sculptés ou gravés dans la pierre ; l'or des blasons ou des monogrammes se détache au haut des grilles ouvragées ; et des inscriptions bariolées, légendes explicatives ou devises puisées à toutes les sources de la piété, du souvenir ou de la fantaisie attirent les regards : Bluette, l'Ancre, la Esmeralda, Malgré tout, Mon perchoir,... etc. etc...

Nos pères n'opéraient pas autrement, et, de tous les modes actuellement usités pour désigner une habitation, nous ne pouvons revendiquer comme nôtre que le seul et prosaïque numéro.

Concluons : 1° L'Enseigne ou signe appliqué aux maisons pour les distinguer entre elles, accompagnée ou non de devises explicatives fut employée dès la plus haute antiquité et dût être connue de tous les peuples ;

2° Bien qu'il soit démontré que cet usage ait été en vigueur dans les provinces romaines, on ne saurait établir entre nos enseignes du moyen âge et celles de Rome aucun lien de filiation, toute mention d'enseignes faisant absolument défaut dans les textes avant le milieu du XIII° siècle : Il semble que cet usage soit né spontanément chez nous à cette époque, du même besoin qui l'avait fait naître chez les peuples de l'antiquité ;

3° Avant l'Enseigne nos pères employaient d'autres modes de désignation : nom du propriétaire, nom du sol, particularité quelconque de la construction, etc...

4° L'Enseigne se surajouta à tous ces modes, au XIII° siècle, sans en supprimer aucun, et tous, malgré l'emploi des numéros officiels, malgré la décadence de l'enseigne, moins précise que le numéro, subsistent encore aujourd'hui.

NIORT, IMPRIMERIE NOUVELLE L. CLOUZOT

BIBLIOTHÈQUE du "MERCURE POITEVIN"

Jolis volumes et brochures in-18 jésus et in-8 carré tirés sur papier fort, avec couverture spéciale.

Volumes parus :

BENASSIS (F.). Un Petit coin de terre dans l'Atlantique, broch. in-8 carré . . . . 0 fr. 50
BOUCHER (G.). Les Chemineaux de la foi, br. in-18 jésus 0 fr. 50
CARRÉ DE BUSSEROLLE (J. X.). L'enlèvement du Sénateur Clément de Ris, étude historique, 1 vol. in-18 jésus. 2 fr. 75
CLOUZOT (H.). Le Miracle des blés, légende poitevine en 1 acte, broch. in-18 jésus . . . . 1 fr.
— B. Gautier et ses paysans, étude artistique, ornée de 10 dessins de B. Gautier, broch. in-18 jésus . . . . 1 fr. 50
CORNEILLE (P.). Erinna, prêtresse d'Hésus, tragédie en 3 actes et en vers, broch. in-18 jésus . . . . . 1 fr. 50
— Criminelle Vertu, nouvelle, broch. in-18 jésus . 2 fr.
— En Voiture, broch. in-18 jésus . . . . 1 fr. 25
DUCRET (A.). Rêve Rustique, chanson, broch. in-8 carré 0 fr. 50
— Musique Grégorienne, broch. in-18 jésus . . . 0 fr. 75
GELIN (H.). Françoise d'Aubigné, étude critique, ornée d'une eau-forte de M. O. de Rochebrune, broch. in-18 jésus 2 fr. 50
GINOT (E.). Une Satyre anonyme, broch. in-8 carré. 0 fr. 50
HÉRY (R.). La Conduite humaine considérée comme un art, broch. in-18 jésus . . . . 0 fr. 50
HUBLIN (G.). Le 14 Juillet à Saint-Maixent, sous la Révolution, (1790-1792), broch. in-8 carré . . . . 0 fr. 50
JAN DUC. Lettres Poitevines, broch. in-18 jésus . . 1 fr.
MAC RAMEY. Le Cap de la Trentaine, roman, 1 vol. in-18 jésus . . . . 3 fr.
PERROCHON (A.). Muguette, pièce en 1 acte et en vers, broch. in-8 carré . . . . 0 fr. 50
— L'Inutile rencontre, nouvelle, broch. in-8 carré.
PHILIPPE (J.). Yvonne, drame en 1 acte et en vers, broch. in-18 jésus . . . . 1 fr.
— La Légende de Mélusine, pièce d'ombres en 3 actes, avec prologue, en vers, broch. in-18 jésus . . . . . 0 fr. 50
PROUHET (D'). Vieux papiers, médecins et apothicaires, broch. in-8 carré . . . . Épuisé

Chaque volume sera expédié franco à toute personne qui en enverra le montant aux Bureaux du Journal, 23, rue des Fossés, Niort (Deux-Sèvres).

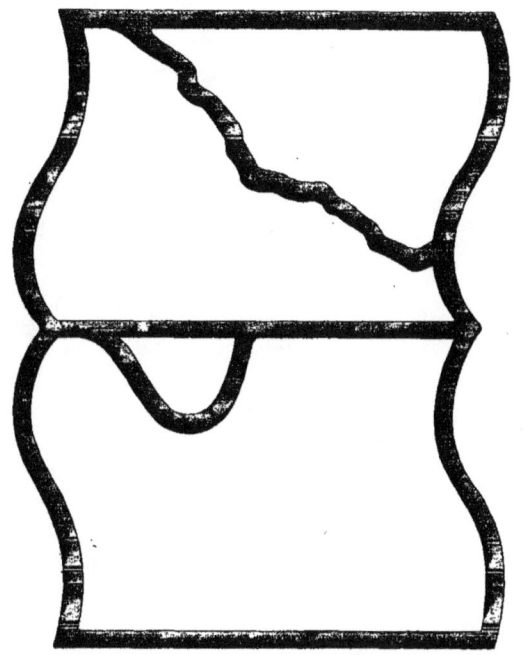

Texte détérioré — reliure défectueuse
NF Z 43-120-11

www.ingramcontent.com/pod-product-compliance
Lightning Source LLC
Chambersburg PA
CBHW060720050426
42451CB00010B/1535